Hector-Auguste CHARPENTIER.

FONDATION

D'UNE

COMMUNE CORSE ,EN OCÉANIE.

AJACCIO,
IMPRIMERIE A.-F. LECA.

—

1878.

Hector-Auguste CHARPENTIER.

FONDATION

D'UNE

COMMUNE CORSE EN OCÉANIE.

AJACCIO,
IMPRIMERIE A.-F. LECA.

1878.

PROJET D'ORGANISATION

DE LA

COMMUNE CORSE DE Sᵀ-AUGUSTIN,

DANS LA

NOUVELLE FRANCE,

COLONIE LIBRE DE PORT-BRETON (OCÉANIE.)

Monsieur Charles Du Breil, Marquis de Rays, Consul de Bolivie, Membre de la Société des études coloniales et maritimes, membre honoraire du Cercle consulaire de Belgique, Directeur-Fondateur de la Colonie libre de Port-Breton (Océanie), ayant bien voulu m'admettre pour collaborer avec lui à cette grande œuvre de colonisation de l'un des plus beaux et des plus riches archipels de l'Océanie, à titre de représentant colonial, en Corse, de la colonie libre de Port-Breton, m'a laissé le soin de grouper sous ma direction, et sous ma responsabilité personnelle, tous les éléments nécessaires pour la fondation d'une première commune Corse (Saint-Augustin), dans notre colonie libre Océanienne. J'ai crû pouvoir et devoir m'en charger et témoigner ainsi de mon bon vouloir et de mon entier dévouement à une œuvre à laquelle mon nom restera attaché comme fondateur de cette commune Corse de Saint-Augustin.

Désirant répondre dignement à la hante-marque de confiance dont M. le Marquis de Rays veut bien m'honorer, et voulant aussi faire jouir les familles corses, qui voudront en profiter, des immenses avantages que je puis leur offrir, au

nom du fondateur de cette colonie, je vous demande toute
votre attention, car je vais vous mettre suos les yeux non un
mirage trompeur, mais des faits réels et précis ; je vais
essayer de vous faire connaître les immenses ressources, les
produits variés. les revenus presque fabuleux, que nous
rencontrerons dans ce pays ; je vais vous parler de son
climat, de son étendue, de sa faune, de sa flore, de ses
sauvages habitants, de ses forêts immenses et vierges encore ;
je vais vous faire connaître les éléments qui nous seront
nécessaires pour établir la commune Corse de *Saint-Augustin*
dans les meilleures conditions de réussite et de fortune. Je
vous dirai ensuite les concessions que nous avons pu obtenir pour les personnes qui s'adresseront à nous personnelle -
ment car nous avons seul, ici, mission de former cette commune Corse-Océanienne et de vous fournir d'exacts rensei-
gnements, tant sur les moyens de transport que sur nos
moyens d'existence, à notre arrivée au *Port-Breton*, et sur
les avantages qui seront accordés aux chefs de métiers, de
familles, ou d'associations ouvrières. « Mais, comme me
« l'écrit M. le Marquis de Rays, *afin de nous conformer à la*
« *législation française en vigueur*, nous nous bornons sim-
« plement à inscrire, pour le moment, sur nos registres
« coloniaux, les demandes d'émigration qui nous sont adres-
« sées, *sans nous livrer à aucune opération d'engagement ou*
« *de transport*, nous réservant de remplir les formalités
« exigées par la loi du 18 juillet 1860, lorsque le nombre des
« demandes d'inscription sera devenu suffisant pour per-
« mettre l'organisation d'un premier départ. »

La Colonie libre du Port-Breton ou Nouvelle France, est
située dans l'archipel de la Nouvelle Bretagne, à quelques
jours de distance de la Nouvelle-Calédonie, colonie française.
Notre colonie libre est complétement exempte de fièvre
jaune et d'autres maladies semblables, et la chaleur quoique
constante et conservant une moyenne du 27 degrés environ,

n'est jamais plus considérable qu'en France, pendant l'été
à cause de sa température Océanienne. En s'établissant sur
les hauteurs, on peut, d'ailleurs, choisir la température que
l'on préfère.

La commune de Saint-Augustin sera établie sur le bord de
la mer et assise sur une rivière bordée d'immenses forêts.
Tous les terrains provenant de la souscription Corse seront
réunis aux environs du village, ce qui joint aux terrains
domaniaux qui seront livrés à l'exploitation communale
moyennant une indemnité annuelle à l'administration centrale, permettra aux habitants de *Saint-Augustin* de se livrer
avec facilité à la culture du café et à l'exploitation immédiate
des bois et du charbon. « Il y aura là, m'écrit M. le Marquis de
« Rays, les meilleurs éléments pour une belle exploitation
« communale : une scierie, par exemple, à laquelle chacun
« pourrait s'intéresser, en lui vendant les bois un prix fixé
« d'avance. Ces bois débités seraient vendus en Chine et en
« Australie, pour un prix beaucoup plus élevé qu'en
« Europe. Ils pourraient même être vendus, sur place, aux
« marchands australiens. Nous pourrions aussi, moyennant
« arrangements avec la commune, les transporter sur les
« navires de l'administration. »

Les productions alimentaires du pays sont abondantes et
variées, l'arbre à pain, le cocotier, la canne à sucre, le café,
le manioc, le chou caraïbe, la patate, la banane, l'igname,
le taro, le poivre et les épices de diverses sortes, y viennent
en abondance, et certains fruits, racines et légumes du pays,
tels que bananes, ignames, taros, patates, manioc, etc.
rapportent constamment pendant toute l'année. Ce genre de
culture n'exige ni charrues ni animaux de labour ; mais
seulement quelques instruments d'agriculture et de jardi-
nage, ce qui permet à chaque famille, aussitôt établie chez
elle, de se créer un jardin potager d'un ou deux hectares,
pour assurer son existence dans d'excellentes conditions

Les moulins de l'administration achèteront en tout temps
les récoltes du manioc des propriétaires qui voudront les
échanger contre de l'argent, pour faire de la farine et du
tapioca.

Les poissons et les coquillages les plus variés sont aussi très-abondants.

La position tout à fait exceptionnelle de Saint-Augustin, nous permettra d'établir une pêcherie de *trépang* ou *bîche de mer*, dont le produit sera livré à la consommation chinoise, et dont la vente est assurée déjà

Pour ceux qui ne connaissent pas ce poisson qui est appelé à nous assurer des revenus immédiats, j'extrais d'un article publié par mon honorable collègue M. J. Gérard dans le journal l'*Explorateur* du 17 octobre 1877, les quelques lignes ci-après :

« La pêche du *trépang* ou *bîche de mer* (*holotruria edulis*)
« remonte à la plus haute antiquité. Le *trépang* est une sorte
« de poisson gélatineux comme les méduses de nos côtes, à
« l'extrémité duquel se trouvent des tentacules qui lui ser-
« vent à prendre sa nourriture. Après avoir été bouilli dans
« l'eau salée, il est ensuite coupé en deux, séché et fumé.
« On l'envoie en assez grande partie à Canton, où il est payé
« largement et sert à confectionner une soupe, sorte de
« gelée, comme celle du jus de viandes, fort appréciée des
« Chinois. Il entre dans l'alimentation de ces derniers pour
« une part égale à celle de la *Salangane*, ou nids d'hirondel-
« les comestibles.

« Le gain considérable réalisé sur la vente du trépang en
« Chine engagea de bonne heure les Européens à prendre
« part à la pêche; des navires furent armés avec cette desti-
« nation spéciale. Le trépang vaut en Nouvelle-Calédonie de
« 300 francs à 750 francs la tonne et se vendent en Chine de
« deux à trois mille francs. Celui qui est le plus estimé est
« d'une couleur brune et tachetée, avec apparence tubercu-
« leuse; la dernière qualité est blanchâtre. »

Une chose extrêmement importante pour notre commune, serait aussi de posséder un *Directeur* pour la culture du tabac sa *dessiction et ses diverses préparations commerciales*. Il faudrait à ce *Directeur* un *second* et trois ou quatre bons employés *connaissant bien* leur affaire.

Le tabac vient admirablement bien dans ce pays et on peut

y avoir jusqu'à trois récoltes par an. Si nous arrivons à une bonne fabrication de divers cigares et de tabac à fumer, nous aurions là une source immense de revenus.

Quant à la culture du café, on calcule, qu'il suffit d'un seul homme pour entretenir une plantation de quatre hectares, et que chaque hectare cultivé en café rapporte au moins mille francs par an, à partir de la cinquième année. Or, toute famille un peu nombreuse peut cultiver plusieurs hectares, en augmentant, tous les ans, sa plantation.

Il est naturellement impossible de pouvoir donner dans une circulaire, tous les détails qui intéressent les personnes qui désirent faire partie de cette nouvelle commune. Cela demanderait des volumes !... Mais si je ne puis pas tout vous expliquer aujourd'hui, je tiens toujours à vous exposer les conditions principales, et ce que nous demandons à nos adhérents pour nos aider à fonder sur des bases solides et durables cette Nouvelle Corse Océanienne, la commune de Saint-Augustin.

En dehors des *fonctionnaires de l'administration communale*, nous aurons aussi à nous occuper de la constitution d'un corps de métiers.

Nous choisirons, pour notre future commune de Saint-Augustin :

1º Un chef maçon, deux contre maîtres ou seconds, et huit ouvriers maçons.

2º Un chef charpentier, un contre maître ou second, et quatre ouvriers.

3º Un chef menuisier, un second et trois ouvriers.

4º Un bon boulanger, un second et trois ouvriers pouvant au besoin remplacer leur chef.

5º Un chef cuisinier, un cuisinier ordinaire, et trois aides.

6º Un maître charron, un second, et trois bons ouvriers.

7º Un chef d'ouvriers, avec un bon *second* et quatre ouvriers pouvant fabriquer la *poterie, la brique,* et *la chaux.* Il faut pour cela de *bons ouvriers.*

8º Un chef forgeron, un second et trois bon ouvriers.

9º Un maître, et quatre bons ouvriers ou ouvrières, connaissant parfaitement la fabrication et le racommodage des *filets*.

10° Un bon maître armurier, un bon second, et deux bons ouvriers.

11° Un chef de lingerie (homme ou femme), ayant un bon second, également homme ou femme, et six ouvriers ou ouvrières, pour le racommodage des linges, le lavage et la blanchisserie des effets de l'administration et des administrateurs Ils pourront également, dans leurs moments perdus, rendre le même service aux autres habitants, moyennant une légère rétribution pour le compte de l'administration *coloniale*.

12° Un bon tailleur, un second, et trois bons ouvriers.

13° Un bon cordonnier, un second. et trois bons ouvriers.

14° Un directeur du magasin commercial de fournitures diverses, un second et quatre bons employés fidèles et connaissant leur métier.

15° Un directeur de scierie mécannique, un bon second, et six ouvriers.

16° Uu bon meunier, connaissant la fabrication de la *fécule*, avec un bon second, et quatre ouvriers, pour monter en *arrivant* une fabrique de *Cassave* et de *Tapioca*. Ce qui n'empêchera pas, de faire venir d'Australie autant de blé que nous voudrons, en attendant que nous en récoltions chez nous, car il nous sera possible d'en cultuver sur les montagnes ainsi que *la vigne et le houblon*.

Il faudra que cette fabrique soit bien montée et bien installée, parce qu'elle servira *de placement* aux premiers produits de la culture des colons qui trouveront dans la culture du *manioc* et dans la vente de ce produit des bénéfices agricoles immédiats,

17° Un directeur pour la culture du tabac, un second et quatre bons employés.

18° Un chef de cultures diverses, un bon second, et quatre contre-maîtres.

19° Quarante ouvriers terrassiers et agriculteurs, sous les ordres du *chef de cultures* et de *ses employés*. Ces ouvriers seront employés non seulement aux cultures diverses produits immédiats et aux cultures riches à produits différés comme celle du café, du cacao, de la canne à sucre etc. etc ; mais aussi. à *tous les travaux que la municipalité pourra trouver utiles.*

20ᵉ Un bon cordier, avec un contre maître et quatre ouvriers. Seulement, il est bon de faire observer qu'il s'agit d'une *corderie toute spéciale* ayant pour but le *peignage et l'utilisation des bourres de cocos* avec lesquelles on fait des cordages dans toute l'Océanie.

21º Un directeur pour la fabrication de l'huile de coco, avec un second et quatre employés. Cette huile se vend trésbien en Australia. Il serait utile pour cela que quelqu'un des employés de l'huilerie connut parfaitement la fabrication du *savon*, dont le placement serait assuré en Australie dans d'excellentes conditions.

22º Un *chef de pêcheries*, avec deux patrons de barques ou seconds, et quatre marins pêcheurs.

Nous devons maintenant vous faire observer que tous les employés communaux *auront droit á des avantages particuliers* eux et leurs familles pour leur séjour dans la Colonie. Mais, ils devront. d'abord, contracter un engagement de cinq ans avec l'administration. Il ne s'agit actuellement que d'une simple inscription sur le registre.

Sur ma demande, M le marquis de Rays a promis de grouper toutes les terres qui seront souscrites par des Corses, autour de l'emplacement destiné à bâtir la commune de St-Augustin ; d'y faire bâtir, les maisons qui seront délivrées aux familles ou aux associations de quatre personnes qui y auront acquis des droits ainsi qu'aux vingt hectares de terrains, au passage et à la nourriture, en effectuant le versement des 3,000 francs exigibles seulement au moment du départ, dès que les formalités légales auront été remplies

Je laisse ici la parole à Monsieur le marquis, qui va vous dire lui-même ce que les immigrants trouveront dès leur arrivée au Port-Breton :

« En arrivant dans la colonie libre, tous les colons isolés

« ou en famille seront reçus dans une sorte d'hôtellerie ou
« ils pourront passer huit jours pour se reposer, gratuite-
« ment, des fatigues de leur voyage, aux frais de l'adminis-
« tration. Ils y seront bien nourris et bien traités.

« Les familles seront ensuite conduites, sans frais avec
« tous leurs bagages, dans leurs propriétés, et installés
« dans leur propres maisons.

« Toute association de quatre personnes, pour une durée
« de cinq ans au moins, jouira de tous les avantages accordés
« aux familles.

« En quittant l'Europe, les immigrants seront donc assurés
« d'être conduits jusque chez eux, et de d'être pas abandonnés
« au port d'arrivée sans aucun moyen d'assistance, comme
« il arrive malheureusement si souvent.

« Des rations de vivres équivalentes à celle des matelots,
« seront en outre fournies deux fois par semaine, pendant
« six mois après leur arrivée, *à tous les immigrants ayant une*
« *famille,* à raison d'une ration par jour et par personne.
« et d'une demi-ration pour les enfants au-dessous de
« douze ans.

« Quant aux passagers isolés, ils ne paieront qu'un psssage
« de 800 francs seulement ; mais ils n'auront droit qu'au
« passage seulement et aux vivres pendant la traversée

« Lorsqu'ils seront rendus dans la colonie même s'ils ne
« sont pas en état de pourvoir a leurs besoins, ils pourront
« toujours travailler pour le compte de l'administration qui
« les emploiera dans des conditions équitables, en attendant
« qu'ils soient en mesure de travailler pour eux mêmes ou
« pour d'autres. Ils pourront, en outre, acquérir de l'admi-
« nistration coloniale autant de terres qu'ils voudront, *à*
« *raison de 20 francs l'hectare,* ou les affermer à raison d'un
« quinzième des produits, comme les Indiens et les Chinois. »

Pour activer l'établissement de la commune Corse Saint-
Augustin, dans la colonie libre de Port-Breton, il suffira
donc, que nous puissions réunir un chiffre d'émigrants
suffisant, *en dehors des employés et ouvriers,* pour réaliser le
capital de départ, dont la moitié sera attribuée à notre

commune elle-même , pour son établissement , et l'autre moitié aux besoins généraux de l'entreprise.

Chaque émigrant isolé ou chef de famille ou d'association, comme aussi tous les employés ou ouvriers, ferait sagement de souscrire pour au moins dix bons de 1 hectare de terrains, à 5 francs l'hectare, payables avant le départ.

Ce serait un moyen sûr d'avoir promptement des revenus agricoles, et aussi la certitude d'avoir ses terrains à proximité du village et d'être borné par la bande de terrains domaniaux correspondants, qui, avec les terres souscrites, formeront le territoire de Saint-Augustin

Les terres acquises par voie de souscription seront exemptes d'impôts pendant dix ans.

Les terres domaniales, seront livrées à la commune qui pourra les faire exploiter, les louer, y bâtir, en un mot en jouir comme d'une propriété communale, moyennant une redevance annuelle à l'administration centrale, ce qui augmentera considérablement les revenus communaux.

Les fonctionnaires de St-Augustin, tels que le maire, l'adjoint, le curé, le juge de paix, le commissaire de police, le percepteur, le médecin et le pharmacien, recevront un traitement annuel semblable à celui qui leur est accordé en France et ils pourront, en outre, s'intéresser dans les entreprises communales. Ils seront payés au besoin par l'administration centrale pendant trois ans, terme jugé suffisant pour que la commune se soit assurée déjà de splendides revenus et puisse subvenir par elle-même à toutes ses dépenses.

En cas de nécessité, tous les habitants de la commune seront tenus de la défendre et de la protéger contre toute aggression des indigènes, et au besoin, de concourir à la défense de la colonie.

Notre établissement sera situé dans la partie méridionale de l'île dont les sauvages sont beaucoup moins redoutables que ceux du Nord. Les sauvages, s'adonnent un peu à la culture de la terre. Ils se nourrissent principalement de bananes, de cocos, de viande de porc, de chair de tortue, de *poissons*, etc. ; leurs maisons sont petites, construites en

bambous et couvertes de chaume. Le gouvernement colonial
entretiendra autant que possible, des relations amicales avec
les diverses tribus et installera dans chacune d'elles des
résidents particuliers que le chef de la colonie libre présen-
tera aux chefs indigènes comme des *amis personnels.* Ces
résidents nous serviront ensuite d'intermédiaires pour toute
espèce de relations et de fournitures commerciales. Nos
bonnes relations avec les chefs de tribus seront attachées
*á la conservation de nos résidents et aux bons soins dont les
chefs de tribus se chargeront de les entourer, en échange d'un
traité avantageux qui leur donnera un revenu annuel de tous
les objets que désirent les sauvages.*

Vous le voyez, Messieurs, rien ne fait obstacle à la réussite
de notre projet de colonisation océanienne et à l'organisation
définitive de notre commune corse de St-Augustin, si vous
voulez nous seconder un peu.

Que vous demande-t-on ? — Peu de choses.

Ce qu'il me faut trouver parmi vous, vous le savez déjà !
Il me faut *des ouvriers de toute sorte,* qui traiteront ensuite
avec l'administration, après m'avoir envoyé leur adhésion,
ainsi que leur promesse de souscription aux bons de terrains
à 5 francs l'hectare et leur promesse d'abonnement au
journal colonial : *La nouvelle France ;*

Il me faut des spécialistes, *agriculteurs, ingénieurs, négo-
ciants, ouvriers ;*

Il me faut, *un bon médecin* avec un aide qui puisse le
remplacer au besoin ;

Il me faut, *un bon pharmacien* et deux élèves en pharmacie;

Il me faut, en outre, trouver et grouper au plus tôt tous
les éléments constitutifs de l'administration communale ;

Il me faut, un bon *instituteur congréganiste* avec *deux
aides ;*

Il me faut, un *prêtre missionnaire,* qui serait *curé de notre
commune,* et un autre prêtre missionnaire qui en serait *le
vicaire,* après avoir été les aumôniers de notre expédition ;

Il me faut, un *légiste instruit* et capable d'administrer la
justice communale ;

Il me faut, un homme sûr, ferme et honnête, pour être *chef de la police locale*, et quatre agents sous ses ordres ;

Il me faut, un *bon horloger*, pouvant dans le principe adjoindre une *librairie* et ses accessoires, à son commerce d'*horlogerie* et de *bijouterie*, en prenant un aide ou associé spécial

Quelques-uns d'entre vous diront que je demande trop de choses.

Non, Messieurs ! — Songez qu'il s'agit d'un voyage passablement long, et par conséquent, qu'il est prudent de ne rien oublier au départ.

La traversée durera quatre mois environ.

Que les hommes capables de jouer un rôle utile dans une pareille entreprise se réunissent donc à nous de leur propre mouvement !

Qu'ils nous viennent donc en aide pour fonder cette nouvelle Corse océanienne, qui en enrichissant ses habitants en fera rejaillir le contre-coup de ces richesses noblement acquises sur la Corse elle-même pour le bien-être qu'elle lui enverra de l'autre bout du monde, avec une spontanéité et une générosité égales au dévouement des hardis émigrants qu'elle attend aujourd'hui pour faire produire ces richesses qui peuvent être si fécondes en bons résultats pour tout le monde !

Et, laissez-moi vous dire, Messieurs, ce qu'a dit avant moi un de mes collègues de la société de géographie commerciale de Paris, fondateur lui-même de la société libre des colons-explorateurs qu'il a réussi à établir dans l'Archipel Indien, Monsieur Xavier Brau de Saint-Pol-Lias, qui après avoir fait ressortir l'utilité et les avantages de son projet de colonisation océanienne, terminait en disant ce que je vous dis avec lui :

Et alors, pour nous, installés en sûreté, au centre de la région à exploiter, qui pourrons nous organiser à notre aise, *dans le voisinage, sur les limites de l'inconnu à sonder*, — tous les obstacles, tous les dangers, toutes les difficultés qu'auraient rencontrés des explorateurs isolés auront disparu, *toutes les incertitudes que feraient naître de simples missions parties de* Corse n'existeront plus.

Le personnel de la première expédition, dont le but immédiat est une vaste exploitation agricole, doit donc être composé de tous les éléments que j'ai signalés plus haut.

L'espace ne nous manque pas pour étendre nos domaines : D'après les données que je viens de recevoir du Chef fondateur de la Nouvelle-France, les terrains sur lesquels l'administration coloniale pourra agir avec la plus grande facilité donnent une étendue respectable de *soixante-mille lieues carrées* La France n'en a que vingt-sept mille.

Le pays même que nous devons habiter, est sain, et comme je l'ai dit plus haut, exempt de fièvre jaune. Il est très boisé jusqu'au sommet des montagnes, et très fertile. En fait d'animaux carnassiers, on ne connaît que le *Chien sauvage* et le *Couscou* blanc, nommé par les indigènes *Kapour*. On croit aussi le *Babi-Russ* doit exister dans ce pays, mais on n'en a jusqu'à ce jour rencontré que les os, chez les indigènes. Il y a quelques Caïmans. Les tortues et les lézards sont nombreux.

Les poissons, les mollusques, les coquillages de toute sorte y sont nombreux et variés. Il s'y trouve encore beaucoup de tripang ; des huîtres ; des crevettes ; des homards ; des langoustes etc. Il s'y trouve aussi des poules ; des cochons ; plusieurs espèces de colombes, une sorte de corbeau à duvet blanc ; la bécassine ou plutôt le chevalier et différentes espèces d'oiseaux de mer.

Les papillons les plus éclatants, — m'écrit M. le Marquis de Rays, resplendissent partout et mêlent leurs brillantes couleurs aux fleurs splendides des lianes de toute espèce. Rien n'est luxuriant comme la végétation de ce pays

Le *Port-Breton* qui sera le siége de l'administration centrale, ainsi que la commune Corse *Saint-Augustin* se trouveront situés dans l'île dont je viens de vous donner un léger aperçu. Cette île, que nous appellerons la *Nouvelle-France*. a 65 lieues de long, sur une longueur variable de quatre à dix lieues.

Comme vous le pensez bien, messieurs, le Port-Breton et Saint-Augustin ne sont pas les seuls centres en train de formation. La Suisse. l'Alsace les provinces basques et d'autres pays amis, ainsi que d'autres départements français, concourent aussi à aider à la colonisation de l'archipel de la Nouvelle-Bretagne, œuvre pour la réalisation de laquelle M. le Marquis de Rays a parcouru le monde et à laquelle il a dévoué sa vie.

De mon côté, je crois avoir déjà prouvé à la Corse par mes écrits et par mes actes, qu'elle m'est chère et que son avenir commercial est l'objet de mes préoccupations constantes depuis bientôt dix-sept ans que je l'habite. Et, si je vous engage à venir avec moi dans un autre hémisphère, c'est encore dans l'intérêt de votre beau pays. Je veux vous conduire à la fortune et ouvrir un débouché nouveau à votre commerce, à votre marine marchande, en attirant vos navires dans notre nouvelle colonie. La Corse pourra en effet nous fournir dans un temps donné de l'huile d'olive, du vin, des salaisons, des denrées alimentaires, des fruits secs, des légumes secs, et une foule d'autres de ses produits, tandis qu'en retour, elle pourrait s'approvisionner chez nous de café, de sucre brut, d'épices de toute sorte, de tapioca, de copra, d'huile de coco, de tabac, ce qui déterminerait chez vous l'établissement d'une raffinerie, d'une savonnerie, et qui vous ferait augmenter vos relations avec la ville de Marseille, pour la vente du surplus du chargement de vos navires en denrées coloniales. D'autre part, l'arrivée des navires Corses dans nos eaux, occasionnerait des relations plus fréquentes entre les colons de Saint-Augustin et votre île. La fortune coloniale des Corses pourrait rejaillir ainsi sur leurs familles européennes. Le bien-être des uns augmenterait naturellement celui des autres. Et en venant dans notre nouvelle patrie, les Corses d'Europe trouveront toujours chez nous des cœurs vraiment français.

Soyez, du reste, bien convaincus, que si, à mon âge, je me décide à faire ce voyage, ce n'est pas seulement pour le grand désir que j'ai d'attacher mon nom à cette grande œuvre d'avenir, mais c'est aussi pour vous convaincre de l'excellence de l'entreprise, en prêchant surtout par l'exemple, en me rendant avec vous sur les lieux, en partageant avec vous le sort qui nous y attend.

Les anglais, les américains, les hollandais, les espagnols, les allemands eux-mêmes ont des colonies indépendantes et riches dans plusieurs archipels océaniens. La France y possède aussi les Marquises, la Nouvelle-Calédonie et le protectorat de Taïti et des îles Pomoutou : Nous voulons fonder un établissement nouveau

Pour les mesures d'ordre et de sécurité, nous pouvons mettre une entière confiance dans la prudence et la haute sagesse du chef de la colonie-libre. Je puis dès aujourd'hui vous donner l'assurance, que tout est dèjà prévu et que dès que nous serons en nombre suffisant pour pouvoir partir, M. le Marquis de Rays n'aura plus qu'à remplir les formalités légales auprès de notre Gouvernement, pour que nous puissions nous embarquer pour rejoindre nos possassions océaniennes, avec la plus grande foi dans l'avenir.

Je termine ce résumé, en vous recommandant vivement de vous faire inscrire le plus tôt possible. Car plus vous hésiterez, plus tard aussi nous partirons. Ne nous laissons pas devancer par des groupes de nationalité étrangère ; souvonons-nous bien, qu'il en est des propriétés territoriales acquises par concessions souscrites, comme d'un dîner à la carte, et que les premiers arrivés sont toujours les mieux servis.

Quant à obtenir la gratuité du passage, il n'y faut pas songer. Ce serait porter un grave préjudice à tout le monde, car ce serait diminuer d'autant les ressources de notre installation.

Voici de nouveau les conditions et prix définitifs du passage.

1° Une famille d'émigrants simples, père, mère et enfants quelqu'en soit le nombre, paiera avant d'embarquer la somme de 3,000 francs. Cette famille aura droit : 1° au passage ; 2° à la nourriture (celle des matelots) ; 3° à une maison composée de 4 pièces ; et 4° à vingt hectares de terrain.

2° Une association de 4 personnes, (hommes ou femmes), pour une durée d'au moins 5 ans, aura droit aux mêmes prérogatives que la famille.

3° Un passager isolé, paiera avant d'embarquer, la somme somme de 800 francs ; il aura droit seulement au passage et à la nourriture.

4° Chaque groupe particulier d'ouvriers ou d'employés comme je l'ai indiqué plus haut, sera considéré *comme famille, quelque nombreux qu'il soit,* et ne paiera que *moitié du passage ordinaire,* entre tous les membres qui le composent.

1° Le chef de groupe ne paiera qu'un cinquième de cette moitié, par conséquent 300 francs au lieu de 3,000 qu'aurait à payer un chef de famille non employé.

2° Les seconds, n'auront à payer qu'un autre cinquième.

3° Les quelques cents francs restant, seront payés entre tous les autres employés du même groupe, quelques nombreux ou peu nombreux qu'ils soient, hommes ou femmes.

Seulement, avant d'embarquer, tous les employés et ouvriers devront passer un engagement de cinq ans avec l'administration coloniale.

Une fois rendus dans la colonie, ils seront nourris et logés par l'administration suivant leur grade, et ils recevront après la durée de leur engagement des terrains coloniaux dans les proportions suivantes :

1° Le chef de groupe recevra........ ...... 30 hectares.

2° Les seconds........... .... 25 —

3° Les contre-maîtres........ .... 20 —

4° Les simples ouvriers. .... 15 —

De plus, *ils participeront chaque année,* aux revenus nets des industries exploitées par la commune, dans les proportions suivantes :

1° La moitié du revenu sera attribuée à l'administration centrale qui a le droit naturel de vérifier tous les comptes.

2° L'autre moitié sera ainsi partagée :

1° 1/4 aux employés supérieurs de l'administration communale dans des proportions que nous déterminerons nous-mêmes en conseil.

2º Les 3/4 restants seront partagés de la manière suivante :

1º Vingt pour cent aux chefs de groupe.

2º Vingt pour cent aux seconds.

3º Vingt pour cent aux contre-maîtres.

4º Quarante pour cent aux ouvriers.

Dans de pareilles proportions, chacun obtiendra dans l'œuvre commune. des avantages considérables et *des revenus annuels très-importants,* jusqu'à ce qu'il puisse s'établir lui-même chez lui, à l'expiration de son engagement.

Monsieur le Marquis, voulant accorder toutes les facilités possibles aux émigrants travailleurs, ajoute encore aux avantoges ci-dessus indiqués, que, *sans payer aucun supplément,* chaque membre d'un groupe quelconque aura le droit d'emmener avec lui sa famille, à laquelle il sera fourni un logement dans le village de Saint-Augustin, et un petit jardin d'un hectare, que chaque famille pourra cultiver elle-même comme elle l'entendra.

Ajoutez à celà les huit jours que les arrivants passeront sans aucuns frais dans l'hôtellerie de l'administration.

Le transport des personnes et des bagages jusqu'à Saint-Augustin (gratuitement aussi) ;

Les six mois de vivres accordés aux familles pour leur donner le temps de se créer les ressources nécessaires à leurs besoins.

Que peut-on demander de plus ?

Je crois vous avoir exposé clairement et franchement les choses. Il me reste à vous dire qu'il serait inutile de demander de nouvelles faveurs au chef de la colonie, ce serait vouloir dépasser le possible.

J'invite de nouveau les personnes qui auront le désir de venir à Saint-Augustin, à se faire inscrire sans retard et à m'adresser tout ce qui concerne les adhésions. souscriptions, abonnements, etc.

Les récépissés leur seront adressés huit ou dix jours après, signés par le chef de la colonie.

Prochainement, sur l'invitation qui m'en a été faite par M. le Marquis de Rays, je me transporterai dans les villes et centres importants de la Corse, pour y faire des conférences sur les avantages de l'émigration et de la colonisation au point de vue de la civilisation et du commerce. Je parlerai aussi de la colonie libre du Port-Breton, du futur village Corse de Saint-Augustin, et donnerai tous les détails nécessaires pour rassurer même les plus timides.

Des affiches feront connaître les jours et les localités où auront lieu ces conférences, qui, ne touchant en rien aux questions politiques, me procureront, je l'espère, Messieurs, l'honneur de vous avoir pour auditeurs en attendant que vous deveniez mes coopérateurs dans l'œuvre que j'entreprends, avec l'appui de M. le Marquis de Rays ; la fondation d'une Corse Océanienne.

N'est-il pas temps d'ailleurs, d'ouvrir enfin à notre activité nationale un horizon plus large et plus fécond que le terrain stérile de nos divisions sociales et politiques ?..

Une dernière recommandation. — En insistant auprès des employés, chefs de groupes, contre-maîtres et ouvriers, pour qu'ils s'inscrivent comme souscripteurs *pour dix bons* de 1 hectare, à 5 francs l'hectare, je le fais dans leur propre intérêt. En effet, quoique liés à l'administration par l'engagement quinquennal qu'on leur demande de contracter, rien ne les empêche de se rendre propriétaires dès-à-présent. S'ils ne peuvent travailler leurs terres, eux-mêmes ils n'en auront pas moins, la faculté de les faire mettre en culture par des indiens ou par des chinois, moyennant un quinzième des produits, ce qui leur procurera de grands avantages pour eux et pour leurs familles. Les chinois et les indiens ne manquent pas ; nous en aurons tant que nous en voudrons ! Les immigrants s'assureront par là d'abord un revenu considérable et prochain ; en second lieu, s'ils font faire des cultures riches : café, cacao, canne à sucre etc., ils auront leurs plantations en plein rapport à la fin de leur engagement, et ils auront plus de facilités pour faire cultiver immédiatement les nouvelles concessions qu'ils recevront alors de l'administration centrale. Ils se trouveront ainsi, à la tête d'une belle propriété foncière.

Ainsi,

Chaque souscription à dix bons de terrain leur donnera droit à 12 hectares chacun · ce qui portera leur propriété foncière à la superficie de :

1° 42 hectares pour les chefs de groupe ;

2 37 hectares pour les seconds ;

3° 32 hectares pour les contre-maîtres ;

4° 27 hectares pour les ouvriers.

J'admets que tous les terrains ne seront pas propres à la culture du café, mais supposons qu'ils le soient, pour un instant, et comptons les revenus de chaque souscripteur.

Étant admis que *un hectare* complanté en café donne un revenu de 1,000 à 1,200 francs par an, le chef de groupe aurait ainsi pour lui-même ou pour sa famille, un revenu de 12,000 francs, à la fin du fermage chinois dont la durée est de dix ans.

L'administration lui donnera encore à la fin de son engagement, *trente hectares* de terre, qui aussi plantés en café lui donneraient 30,000 francs ; ce qui au bout de quinze ans lui donnerait un revenu annuel de 42,000 francs sans compter les bénéfices qu'il pourrait faire dans les entreprises communales.

En suivant les mêmes calculs, au bout de quinze ans,

Les *seconds maîtres ou leurs familles,* auraient un revenu de 37,000 francs.

Les *contre maîtres ou leurs familles,* auraient un revenu de 32,000 francs.

Les simples ouvriers ou leurs famille, auraient un revenu de 27,000 francs.

La chose vaut bien la peine d'être prise en considération.

Le représentant colonial, en Corse. de la Colonie-Libre de PORT-BRETON *(Océanie), ancien professeur de l'Université , membre des sociétés de géographie commerciale de Paris et de Bordeaux, membre de plusieurs autres sociétés savantes :*

H. A. CHARPENTIER.

www.ingramcontent.com/pod-product-compliance
Lightning Source LLC
Chambersburg PA
CBHW061805040426

42447CB00011B/2495